D1134546

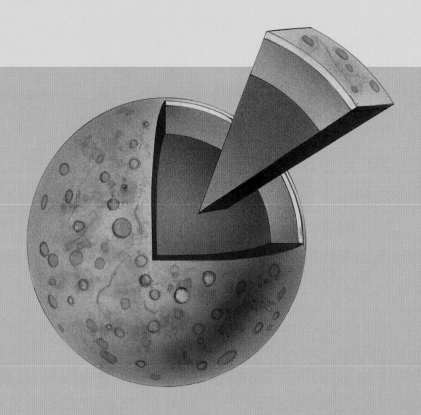

La collection **L'essentiel** a été conçue et produite par McRae
    Books Srl de Florence, en Italie.
Éditeur : Anne McRae et Marco Nardi
Texte : Brian Williams et Vicky Egan
Traduction : Muriel Steenhoudt
Principales illustrations : Fiammetta Dogi
Illustrations secondaires : Antonella Pastorelli, Studio Stalio
    (Alessandro Cantucci, Fabiano Fabbrucci)
Conception : Marco Nardi
Mise en pages : Nick Leggett (Starry Dog Books Ltd)

ISBN 978-2-7625-2759-9

Nous reconnaissons l'aide financière du gouvernement du
Canada, par l'entremise du Programme d'aide au développe-
ment de l'industrie de l'édition (PADIÉ), pour nos activités
d'édition.

# L'ESSENTIEL

# LE SYSTÈME SOLAIRE

Les éditions
Héritage inc.

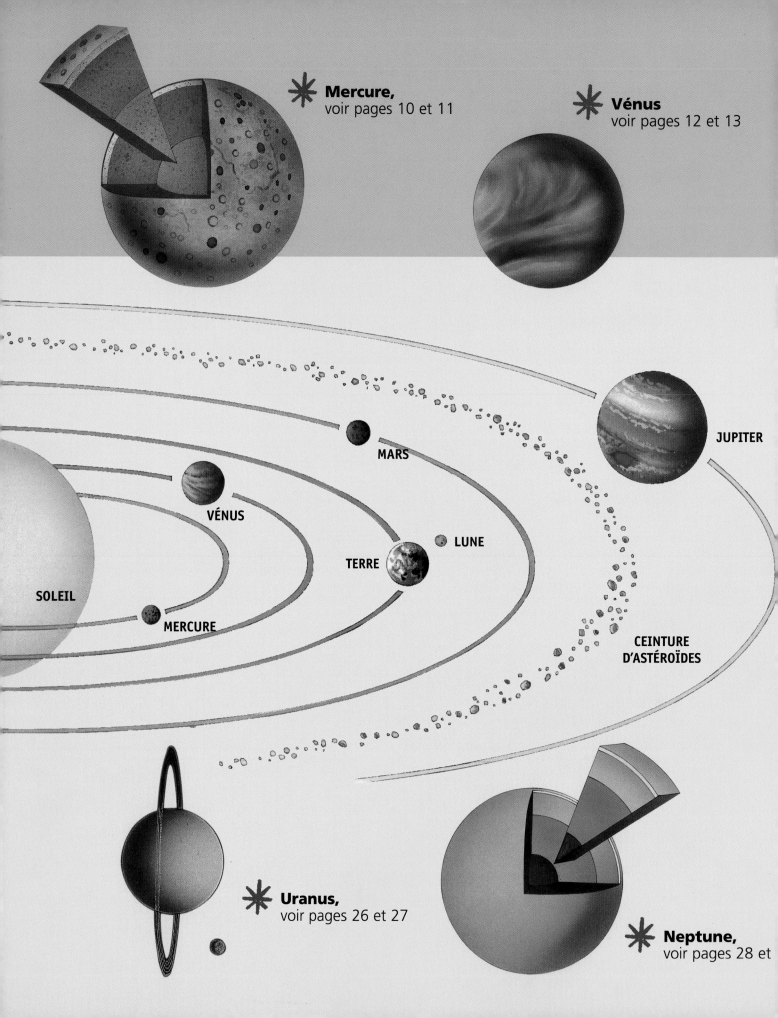

**Mercure,**
voir pages 10 et 11

**Vénus**
voir pages 12 et 13

JUPITER

MARS

VÉNUS

LUNE

TERRE

SOLEIL

MERCURE

CEINTURE
D'ASTÉROÏDES

**Uranus,**
voir pages 26 et 27

**Neptune,**
voir pages 28 et

**Saturne**
voir pages 22 et 23

**Comètes et astéroïdes,**
voir pages 18 et 19

# Table des matières

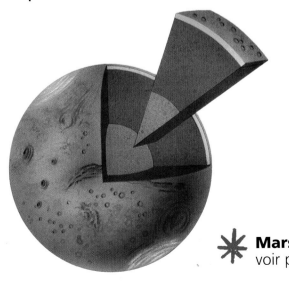

**Satellites
et sondes spatiales,**
voir pages 24 et 25

**Mars,**
voir pages 16 et 17

Les quatre planètes intérieures (Mercure, Vénus, Terre et Mars) sont des boules de roche. Bien que Mercure soit plus proche du Soleil, Vénus est la planète la plus chaude. Vue de l'espace, la Terre semble bleue à cause des océans qui couvrent la plus grande partie de sa surface.

**Mercure**

# Le Soleil

Notre Soleil est seulement une étoile parmi les milliards d'étoiles qui constituent l'univers. Il est beaucoup plus massif que tous les autres corps du système solaire. Sa gravité lui permet de maintenir les planètes dans leur orbite, autour de lui. La lumière et la chaleur du Soleil rendent la vie possible sur la Terre.

Jupiter et les trois autres planètes extérieures (Saturne, Uranus et Neptune) sont des « géantes gazeuses » composées principalement de gaz liquide et de glace. Elles sont beaucoup plus volumineuses que les planètes intérieures. Jupiter est la plus grosse planète du système solaire.

**Vénus**

**Jupiter**

6

**Terre**

**Mars**

# Notre système solaire

Le système solaire est constitué de différentes masses de matières tourbillonnant dans l'espace autour de notre étoile (en orbite), le Soleil. Les huit planètes sont les plus grands éléments du système solaire. Cependant, il comporte également des petites planètes naines, plus de cent satellites ou lunes et plusieurs milliers d'astéroïdes, de comètes et de météorites. Le système solaire a été formé il y a plus de cinq milliards d'années.

## Les planètes

Les huit principales planètes sont : Mercure, Vénus, Terre, Mars, Jupiter, Saturne, Uranus et Neptune. Les astronomes considéraient Pluton comme la neuvième planète jusqu'en 2006, quand ils ont décidé que ce n'était qu'une planète naine. Il existe plusieurs autres planètes naines dans le système solaire et beaucoup d'autres restent probablement à découvrir.

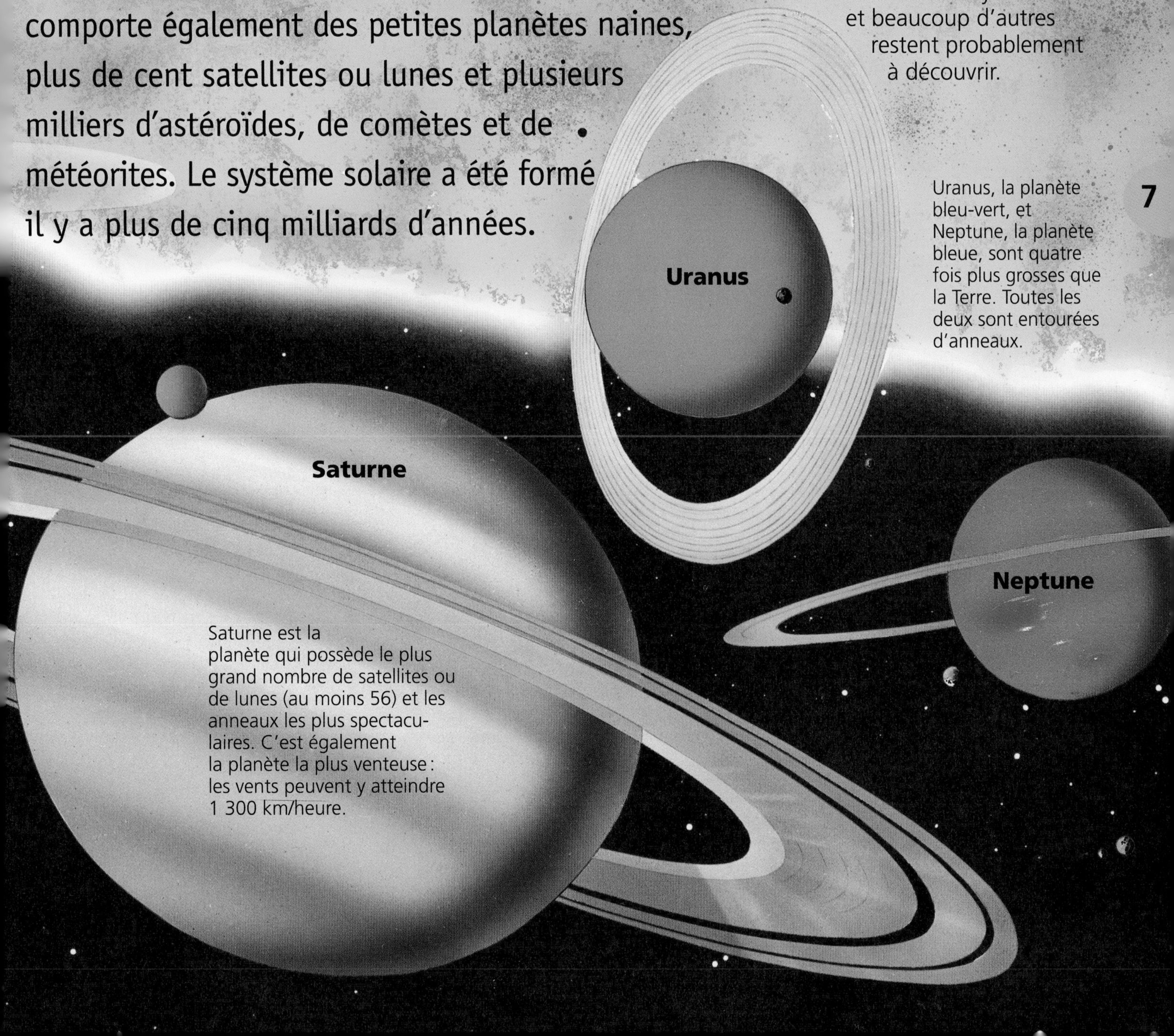

Uranus, la planète bleu-vert, et Neptune, la planète bleue, sont quatre fois plus grosses que la Terre. Toutes les deux sont entourées d'anneaux.

**Uranus**

**Saturne**

Saturne est la planète qui possède le plus grand nombre de satellites ou de lunes (au moins 56) et les anneaux les plus spectaculaires. C'est également la planète la plus venteuse : les vents peuvent y atteindre 1 300 km/heure.

**Neptune**

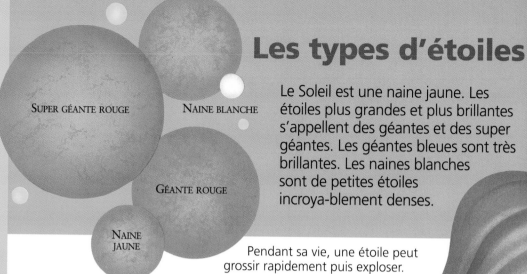

## Les types d'étoiles

SUPER GÉANTE ROUGE

NAINE BLANCHE

GÉANTE ROUGE

NAINE JAUNE

Le Soleil est une naine jaune. Les étoiles plus grandes et plus brillantes s'appellent des géantes et des super géantes. Les géantes bleues sont très brillantes. Les naines blanches sont de petites étoiles incroya-blement denses.

Pendant sa vie, une étoile peut grossir rapidement puis exploser.

Les géantes bleues explosent pour former des supernovas. Les géantes rouges rétrécissent pour devenir des naines blanches.

Avec le temps, certaines étoiles grossissent et deviennent des géantes rouges ou bleues.

Notre Soleil est une étoile jaune-orange qui se trouve au milieu de sa vie.

Les étoiles naissent dans des nuages de poussière et de gaz appelés nébuleuses.

# Le Soleil

Comme toutes les étoiles, le Soleil est une masse de gaz très dense. Il est incroyablement chaud. C'est une fournaise nucléaire dans laquelle les atomes d'hydrogène se transforment en hélium. L'énergie du Soleil émet des radiations dans tout le système solaire. La lumière du Soleil a besoin de 8 minutes et 20 secondes pour atteindre la Terre, en se déplaçant dans l'espace à une vitesse de 300 000 km/seconde (vitesse de la lumière).

## La durée de vie d'une étoile

Les étoiles peuvent vivre des milliards d'années. Quand elles commencent à mourir, les étoiles deviennent des géantes et des super géantes, qui finissent par exploser et devenir des naines blanches.

## Le système solaire

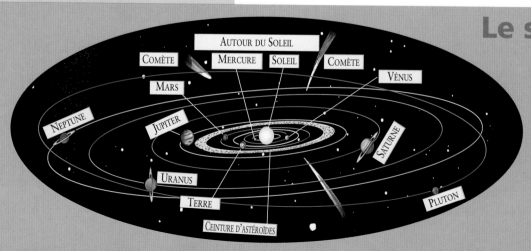

AUTOUR DU SOLEIL

COMÈTE | MERCURE | SOLEIL | COMÈTE

MARS

VÉNUS

NEPTUNE

JUPITER

SATURNE

URANUS

TERRE

CEINTURE D'ASTÉROÏDES

PLUTON

Les planètes sont en orbite à différentes distances du Soleil (elles tournent autour de lui). Mercure est la planète qui se trouve le plus près du Soleil. Il ne lui faut que 88 jours terrestres pour faire un tour complet autour du Soleil. La Terre prend 365 jours ou une année pour faire un tour complet autour du Soleil alors qu'il faut 248 ans à Pluton.

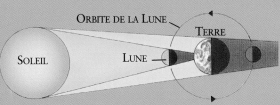

ORBITE DE LA LUNE
TERRE
SOLEIL
LUNE

Lors d'une éclipse totale,
la Lune forme une
ombre d'environ
140 km sur
la Terre.

# Éclipse solaire

Une éclipse solaire se produit quand
la Lune voile la lumière du Soleil,
provoquant une ombre sur la Terre.
Lors d'une éclipse partielle, la Lune
ne couvre qu'en partie le Soleil.
Lors d'une éclipse totale, la
Lune cache le Soleil pendant
environ 7 minutes.

# Taille et température

Le diamètre du Soleil est de
1 390 435 km; celui de la Terre
ne mesure par contre que 12
756 km. À la surface, le Soleil
a une température de 6 000 °C;
au centre, cette température
atteint 15 millions de °C.

# Éruptions solaires

Les éruptions solaires sont
des espèces de bulles de gaz
lumineuses qui émergent
tout près des taches solaires.
D'énormes nuages de gaz
incandescent (appelés pro-
tubérances) font éruption,
mus par les forces magné-
tiques du Soleil. Ils peuvent
s'étendre sur des centaines
de milliers de kilomètres au-
dessus de la surface solaire
et atteindre une hauteur
moyenne de 200 000 km.

# Taches solaires

Les taches qui se trouvent sur la surface du Soleil sont appelées « taches
solaires ». Elles sont causées par les
changements du champ magnétique
du Soleil et se produisent sur un cycle
de 11 ans.

Gros plan de
la surface du
Soleil (éruption
solaire et taches
solaires) et de ses
activités internes.

# Mariner 10

Le seul engin spatial qui a réussi à s'approcher de Mercure jusqu'à présent est Mariner 10, en 1974 et 1975. La sonde a fait les premiers gros plans de la surface criblée de cratères de Mercure, mais elle n'a photographié que la moitié de la planète, car le reste se trouvait dans l'ombre.

La sonde Mariner 10 a réussi à s'approcher jusqu'à 327 km de la surface de Mercure.

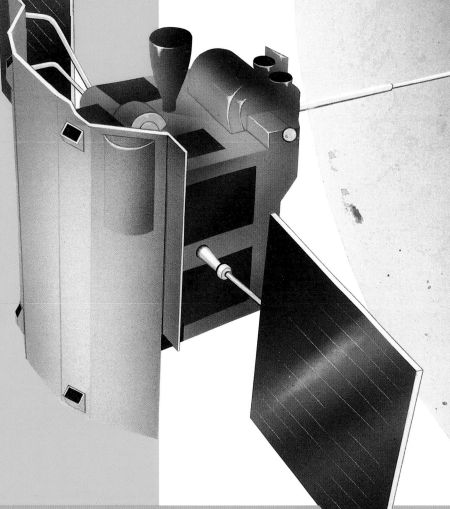

Le vaisseau spatial Messenger pourra voir le côté de Mercure que Mariner 10 a été incapable de voir. Il verra toute la planète en couleur.

L'immense bassin Caloris sur Mercure.

## Cratères

Il y a quatre millions d'années, des météorites ont touché la surface de Mercure et y ont laissé de nombreux cratères. Mariner 10 a pu photographier un énorme cratère appelé « le bassin Caloris », la plus grande structure connue de Mercure jusqu'à présent.

## Messenger

En 2004, la sonde Messenger a quitté la Terre pour graviter autour de Mercure en suivant une orbite elliptique. Messenger devrait atteindre Mercure en 2011. Deux de ses objectifs sont de mesurer et de noter la composition et l'âge des roches qui constituent la surface de la planète.

## Taille et vitesse

Avec un diamètre de 4 878 km, Mercure est la deuxième plus petite planète du système solaire. Elle se déplace à 172 000 km/heure, soit plus rapidement que toutes les autres planètes. Il y a 2 000 ans, quand les Romains l'ont découverte, ils l'ont baptisée Mercure d'après le nom du dieu messager ailé.

Comparaison des tailles de Mercure (à gauche) et de la Terre (à droite). La Terre n'est pas une grande planète, mais c'est une planète géante comparativement à Mercure.

# Mercure

À cause de sa taille et de sa proximité du Soleil, on peut difficilement observer Mercure de la Terre sans utiliser un télescope. Elle est à peine plus grande que notre lune et, avec sa surface criblée de cratères formés par des météorites, elle lui ressemble. L'air est absent sur Mercure et la température est torride le jour (elle peut atteindre 430 °C) et glaciale la nuit (elle descend à -180 °C). Mercure dispose d'une couche de gaz si fine que le ciel semble toujours noir.

## Surface et noyau

La surface de Mercure est probablement poussiéreuse, comme celle de la Lune, et elle comporte quelques plaines, quelques falaises et de nombreux cratères. La planète dispose d'un noyau solide, probablement composé de fer, de nickel et d'autres éléments.

## Distance du Soleil

Mercure est la planète la plus proche du Soleil et il lui faut à peine 88 jours terrestres pour en effectuer un tour complet. En moyenne, elle se trouve à 58 millions de km du Soleil (parfois, elle peut se rapprocher à 46 millions de km).

Même si Mercure est torride, certains de ses cratères ne sont jamais exposés aux rayons du Soleil et ils peuvent contenir de la glace.

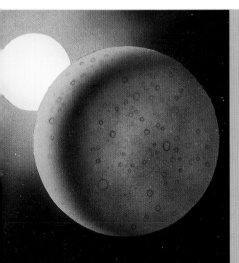

Vue en coupe de Mercure, montrant son noyau solide. Les cratères se sont formés au contact des météorites et des comètes qui ont touché la planète.

# Étoile du soir

On peut voir Vénus de la Terre. C'est un point lumineux près du Soleil, dans le ciel de l'hémisphère occidental. On l'appelle l'étoile du soir car, à certains moments de l'année, c'est la première « étoile » que l'on voit quand le Soleil se couche.

# Surface et noyau

Vénus dispose d'une surface rocheuse et d'une croûte de la même épaisseur que celle de la Terre. Une épaisse couche de roche entoure un noyau probablement composé de nickel et de fer en demi-fusion.

Vue en coupe de Vénus, montrant son noyau légèrement plus grand que celui de la Terre.

LA SONDE PIONEER VENUS ORBITER

La sonde Pioneer Venus Orbiter a été lancée en 1978. Elle est restée en orbite autour de la planète pendant 14 ans, puis elle est entrée dans l'atmosphère et a brûlé.

CYLINDRE MÛ PAR L'ÉNERGIE SOLAIRE (2,5 x 1,2 m)

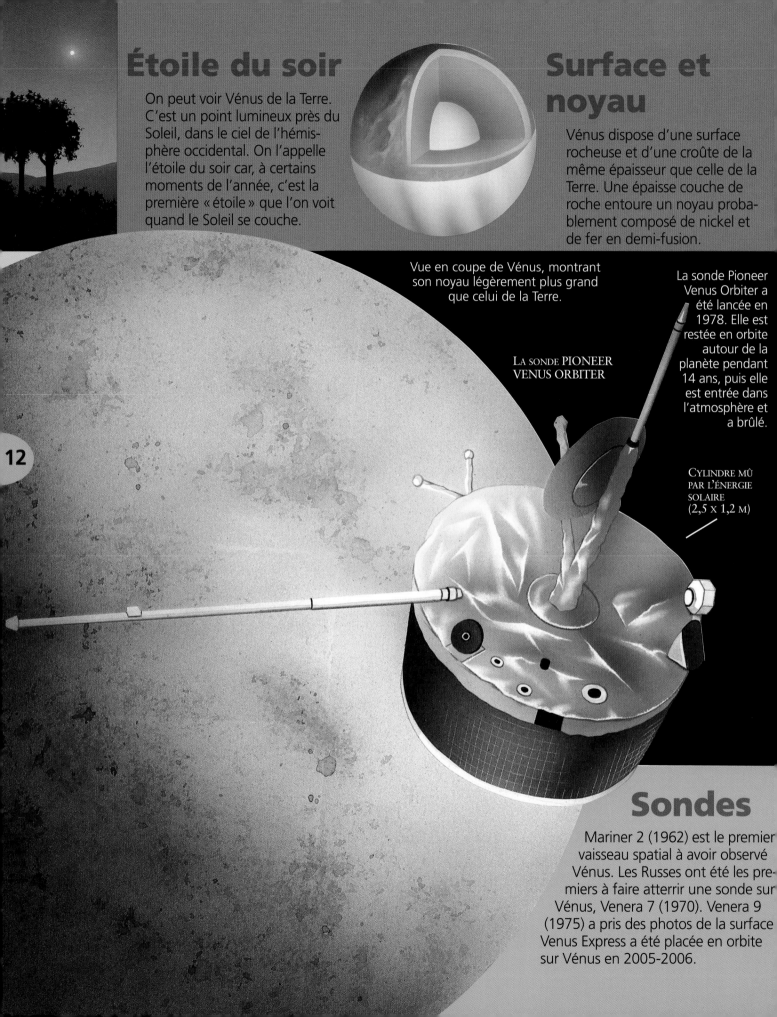

**12**

# Sondes

Mariner 2 (1962) est le premier vaisseau spatial à avoir observé Vénus. Les Russes ont été les premiers à faire atterrir une sonde sur Vénus, Venera 7 (1970). Venera 9 (1975) a pris des photos de la surface Venus Express a été placée en orbite sur Vénus en 2005-2006.

## Sous pression

Les vaisseaux spatiaux qui essaient de se poser sur Vénus rencontrent beaucoup de difficultés. Entre 1970 et 1986, dix sondes robotisées russes Venera ont été larguées sur la surface de Vénus. Moins d'une heure plus tard, elles avaient toutes arrêté de renvoyer des signaux. La pression atmosphérique ressemble à celle qui se trouve à 1 000 m sous l'océan. Tous les vaisseaux qui se posent sur Vénus sont rapidement détruits.

Les nuages qui entourent Vénus masquent le Soleil le jour et les étoiles la nuit.

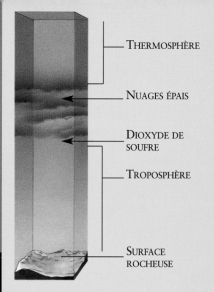

- THERMOSPHÈRE
- NUAGES ÉPAIS
- DIOXYDE DE SOUFRE
- TROPOSPHÈRE
- SURFACE ROCHEUSE

L'atmosphère de Vénus

# Vénus

Avec son diamètre de 12 102 km, Vénus est juste un peu plus petite que la Terre, dont elle représente 95 %. Cependant, Vénus est terriblement plus chaude que la Terre. Elle est toxique, constamment entourée d'un brouillard fumeux et elle est inhospitalière. Il y fait même plus chaud que sur Mercure, bien qu'elle soit deux fois plus éloignée du Soleil, soit à 108,2 millions de km. Il est étrange de constater que la planète effectue une rotation dans le sens inverse de la Terre.

## Piège à chaleur

Vénus est entourée d'une atmosphère très épaisse composée presque entièrement de dioxyde de carbone (96 %). À cause de cela, la chaleur ne peut pas s'échapper, ce qui provoque un important effet de serre. Les températures dépassent les 460 °C.

## Gaz

Les principaux gaz de l'atmosphère de Vénus sont le dioxyde de carbone, le monoxyde de carbone, l'azote, l'argon, le néon et le dioxyde de soufre. On y trouve également de la vapeur d'eau, mais pas d'eau : en fait, à cause de la chaleur, l'eau bouillirait en permanence.

13

La sonde Venera 2 (1966) est passée à 24 000 km de Vénus.

## Volcans

La mission Magellan vers Vénus (1990-1994) a révélé que la planète possédait des milliers de volcans, dont plusieurs énormes. Toutefois, ils semblent inactifs. Maat Mons, le plus grand volcan, atteint 8 km de hauteur.

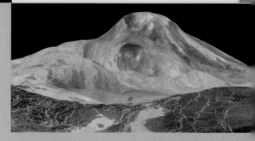

Une visualisation informatisée de Maat Mons. Il y a plusieurs millions d'années, la surface de Vénus était peut-être couverte de lave.

# La Terre, vue de l'espace

La Terre est à la fois suffisamment proche du Soleil pour rester chaude et suffisamment éloignée pour ne pas bouillir ou brûler. On y trouve de l'eau et une atmosphère gazeuse qui protège la vie sur la planète des radiations nuisibles.

La Terre, vue de l'espace.

Tout ce qui vit sur la Terre dépend de l'oxygène qui se trouve dans l'air. La majeure partie de cet oxygène est produite par les arbres de la forêt tropicale amazonienne.

La température de la surface de la Terre varie entre - 88 °C et 58 °C.

Neil Armstrong, en atterrissant sur la Lune, a prononcé cette phrase désormais célèbre : « C'est un petit pas pour l'homme mais un pas de géant pour l'humanité. »

# Le noyau de la Terre

La Terre dispose d'une mince croûte externe. C'est là que la vie existe. En dessous de cette couche se trouve un manteau de roches fondues bouillantes qui entourent deux noyaux : un noyau externe, composé de fer fondu et d'autres éléments ; et un noyau interne, composé de fer et peut-être d'autres éléments écrasés sous la pression immense.

CROÛTE
MANTEAU
NOYAU EXTERNE
NOYAU INTERNE

Vue en coupe de la Terre, montrant la terre, les océans et le noyau.

# La Terre

Les scientifiques croient que la Terre est issue d'un nuage de gaz et de poussière tourbillonnant dans l'espace autour du Soleil qui, à l'époque, était une jeune étoile. La Terre semble ronde, mais ce n'est pas un globe parfait : elle est bombée vers la région équatoriale et les pôles sont aplatis. La Terre supporte une richesse de vie – c'est, à notre connaissance, la seule planète du système solaire qui le permet.

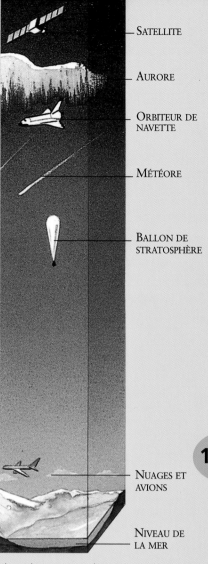

SATELLITE
AURORE
ORBITEUR DE NAVETTE
MÉTÉORE
BALLON DE STRATOSPHÈRE
NUAGES ET AVIONS
NIVEAU DE LA MER

Il y a beaucoup d'activités dans l'atmosphère terrestre.

## Atmosphère

Les différentes couches de l'atmosphère entourent la planète. Elles sont composées essentiellement d'azote (78 pour cent) et d'oxygène (21 pour cent).

## Alunissage

La Lune est le seul satellite naturel de la Terre. En 1969, Neil Armstrong, qui participait à la mission Apollo 11, est devenu le premier homme à marcher sur la Lune, après avoir parcouru un vol de 384 000 km dans l'espace.

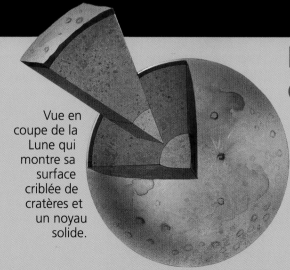

Vue en coupe de la Lune qui montre sa surface criblée de cratères et un noyau solide.

## La structure de la Lune

La surface de la Lune est sèche et poussiéreuse. Sa croûte externe est riche en aluminium et en calcium. En dessous de cette couche se trouve une couche de roche solide, puis de la roche partiellement fondue. Le noyau central est formé de fer et de sulfure.

# Atterrir sur Mars

L'atterrisseur Mars Pathfinder, qui transportait à son bord le robot Sojourner, a été lancé aux États-Unis le 4 décembre 1996. Le 4 juillet 1997, il pénétrait dans l'atmosphère de Mars. Après une descente en parachute, il atterrissait sur des coussins d'air. Il a alors laissé le robot Sojourner sur la planète.

1. À 9,3 km de la surface, le parachute de Pathfinder s'ouvre.

2. Le bouclier thermique se sépare et tombe.

3. L'atterrisseur est abaissé. L'altimètre radar est activé à 1,6 km de la surface.

4. Les coussins d'air se gonflent 10 secondes avant l'atterrissage. Les fusées de freins sont actionnées à six secondes de l'atterrissage.

5. Pathfinder fait un atterrissage cahoteux sur ses coussins d'air.

# Tempêtes de poussière

Mars est un monde rocailleux et sec qui ressemble à un désert de sable rouge. Des vents puissants provoquent d'immenses tempêtes de poussière qui peuvent recouvrir toute la planète. La couleur rougeâtre de Mars peut être vue depuis la Terre à cause de la fine épaisseur de l'atmosphère de la planète.

La « planète rouge » vue de l'espace. Les calottes glaciaires polaires contiennent de la glace hydrique.

Le robot Sojourner pesait à peine un peu plus de 10 kg. Il a exploré environ 250 mètres carrés de la surface rocheuse de Mars.

CHAQUE ROUE PEUT SE LEVER ET SE RABAISSER INDÉPENDAMMENT DES AUTRES.

UNE ROUE EN ALUMINIUM AVEC DES TAQUETS. SIX ROUES APPORTENT PLUS DE STABILITÉ QUE QUATRE.

UN PANNEAU SOLAIRE APPORTE L'ÉNERGIE NÉCESSAIRE AU FONCTIONNEMENT DU ROBOT.

NASA

SUSPENSION DE TYPE ROCKER-BOGIE.

# Exploration

Sojourner a été le premier robot à explorer une autre planète. Il a passé 83 jours à analyser les roches et le sol de Mars à l'aide de caméras et d'instruments scientifiques et il a envoyé à la Terre des photos de sa surface. Ensuite, l'équipe de vol a perdu le contact avec lui.

Mars Pathfinder sur la surface rocheuse de Mars.

## Surface et noyau

La surface de Mars est dénudée, rocheuse et presque entièrement recouverte d'une couche de fine poussière rouge. La planète possède probablement un noyau solide composé de fer. Le noyau se trouve au centre d'un épais manteau rocheux couvert d'une fine croûte.

Vue en coupe de Mars qui montre sa surface criblée de cratères et son noyau solide. Mars a besoin de 24 heures pour effectuer une rotation, comme la Terre, mais elle a besoin de près de deux fois plus de temps que la Terre pour effectuer un tour complet du Soleil (687 jours).

# Mars

Mars a été baptisée la « planète rouge » : son apparence rouge rouille provient de l'oxydation (rouille) dans sa fine atmosphère de la poussière de fer contenue dans ses roches. Une journée sur Mars n'est que 40 minutes plus longue qu'une journée sur la Terre, et Mars a des hivers et des étés comme la Terre. Cependant, il y fait beaucoup plus froid et plus sec que sur la Terre, avec des températures qui tombent à -125 °C. En effet, Mars est beaucoup plus éloignée du Soleil que la Terre : elle se trouve à 228 millions de km du Soleil, tandis que la Terre se trouve à 150 millions de km du Soleil.

## Les lunes de Mars

Mars possède deux petites lunes : Deimos et Phobos. Même observées dans les plus puissants télescopes à partir de la Terre, elles ressemblent à de minuscules points lumineux. Une inspection effectuée plus près, grâce à des engins spatiaux qui les ont survolées, ont révélé des lunes sombres, en forme de pomme de terre rocheuse. Phobos est striée et les deux lunes possèdent des cratères. Phobos n'a besoin que de 7,6 heures pour effectuer une rotation autour de Mars. Deimos, quant à elle, a besoin de 30,2 heures pour parcourir le même trajet.

DEIMOS

MARS

PHOBOS

## Olympus Mons

Olympus Mons est le point le plus élevé de Mars et le plus grand volcan connu de notre système solaire. Il s'élève à une hauteur de 26 km, soit trois fois plus haut que le mont Everest sur la Terre. Mars possède également son Grand Canyon : il s'agit de Valles Marineris, une immense vallée d'une longueur de 4 000 km (elle pourrait s'étendre de la Californie à New York).

Comparaison entre Olympus Mons (en rouge) et le mont Everest (en blanc).

On voit généralement des étoiles filantes quand le ciel est bien noir.

## Les étoiles filantes

Les étoiles filantes qui traversent le ciel sont en fait des météores (des morceaux de roche ou de débris métalliques) qui s'enflamment brièvement en pénétrant dans l'atmosphère terrestre. Elles ne sont visibles que pendant quelques secondes avant de brûler ou de toucher la Terre.

## Ceinture d'astéroïdes

Il y a probablement des millions d'astéroïdes dispersés dans l'espace dans la principale ceinture d'astéroïdes. La plupart sont très petits, mais les plus grands (on en a identifié plus de 200) atteignent plus de 100 km de diamètre. Le plus grand astéroïde est Cérès, une roche de 930 km de diamètre. Tout engin spatial qui ose s'aventurer dans la ceinture d'astéroïdes risque une collision.

La principale ceinture d'astéroïdes se trouve entre les orbites de Mars et de Jupiter.

18

# Comètes
## et astéroïdes

Une comète est un bloc de glace, de poussière et de roche. Les comètes tournent autour du Soleil, mais elles se déplacent bien au-delà des limites du système solaire. Certaines comètes prennent des milliers d'années pour parcourir une orbite. Les astéroïdes sont de miniplanètes, bien que la plupart ressemblent à d'énormes morceaux de roches irrégulières. Elles gravitent autour du Soleil, entre Mars et Jupiter. Des millions de particules de roches ou de cristaux gravitent également autour du Soleil.

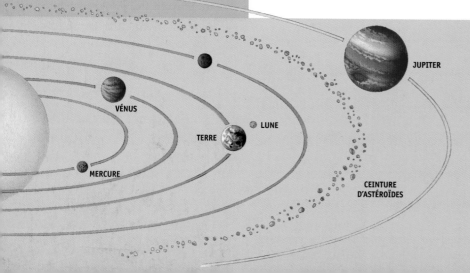

JUPITER

VÉNUS

LUNE

TERRE

MERCURE

CEINTURE D'ASTÉROÏDES

## Les origines des astéroïdes

On pense que les astéroïdes sont des restes de débris issus de la formation du système solaire ou des restes d'une planète ayant un jour été en orbite entre Mars et Jupiter, et qui aurait explosé.

# Collisions

Un astéroïde ayant heurté la Terre il y a 65 millions d'années aurait eu un tel impact que cela aurait provoqué des changements climatiques considérables qui auraient mené à l'extinction des dinosaures. Si on devait détecter qu'un gros astéroïde risque d'entrer en collision avec la Terre, la seule solution serait d'envoyer un vaisseau spatial pour le faire exploser ou pour modifier sa trajectoire.

Quand une comète s'approche du Soleil, la glace qui se trouve dans son noyau commence à fondre et provoque ainsi un nuage de poussière et de gaz. Poussé par le vent solaire, le nuage forme une queue à l'arrière de la comète.

En 2005, la sonde Deep Impact a été lancée dans l'espace pour faire exploser une partie de la comète Tempel 1.

19

# Les comètes les plus brillantes

Au cours des 2 000 dernières années, on n'a eu qu'environ 5 fois par siècle l'occasion de voir des comètes brillantes à l'œil nu. La comète Hyakutake (1996) et la comète Hale-Bopp (1997) étaient toutes les deux extrêmement brillantes. La spectaculaire Hyakutake, de couleur bleu-vert, est la comète qui s'est approchée le plus de la Terre depuis 200 ans et elle possédait la plus longue queue de toutes.

# La fin d'une comète

En juillet 1994, la comète Shoemaker-Levy 9 s'est écrasée sur Jupiter. Cet événement a été très intéressant pour les scientifiques, qui ont observé la comète quitter son orbite alors qu'elle subissait l'attraction de l'énorme force gravitationnelle de Jupiter. La comète était composée de 21 fragments qui se sont tous écrasés sur la planète gazeuse géante. Plusieurs mois après la collision, on pouvait voir les points d'impact des fragments.

Des fragments de la comète Shoemaker-Levy 9 s'écrasent sur Jupiter.

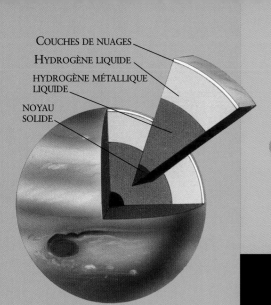

COUCHES DE NUAGES
HYDROGÈNE LIQUIDE
HYDROGÈNE MÉTALLIQUE LIQUIDE
NOYAU SOLIDE

Vue en coupe de Jupiter qui montre son noyau solide et ses couches liquides.

## Structure

Sous l'atmosphère tumultueuse de Jupiter se trouve une planète composée d'hydrogène et d'hélium, les deux gaz les plus légers qui soient. On pense qu'elle possède un noyau rocheux, protégé par un manteau d'hydrogène métallique.

## La grande tache rouge

L'atmosphère de Jupiter est soumise à des tempêtes intenses et persistantes. La principale est la grande tache rouge, un tourbillon d'ouragan plus volumineux que la Terre.

## Anneaux

Comme Saturne, l'autre géante gazeuse, Jupiter possède des anneaux, mais ces anneaux sont beaucoup plus fins et discrets. Ils n'ont été découverts qu'en 1979 par la sonde Voyager 1 qui explorait la planète. Ces anneaux sont formés de particules de poussière.

# Jupiter

Jupiter est la plus grande planète du système solaire. C'est une boule de gaz et de liquide géante, dont le diamètre atteint 143 000 km (c'est-à-dire 11 fois celui de la Terre). En réalité, Jupiter est tellement grande que la Terre pourrait y entrer mille fois. C'est la cinquième planète en partant du Soleil, autour duquel elle est en orbite à une distance moyenne de 778 millions de km. Elle doit son nom au Dieu romain Jupiter.

## Explorations de Jupiter

La grande tache rouge qui tourne au-dessus de Jupiter.

Les deux sondes Pioneer se sont approchées de Jupiter dans les années 1970, mais ce sont Voyager 1 et Voyager 2 (1979) qui ont renvoyé les premières images claires de la planète. La sonde Ulysses est passée devant Jupiter en 1992 et en 1995, la sonde Galileo a été placée en orbite autour de la planète.

20

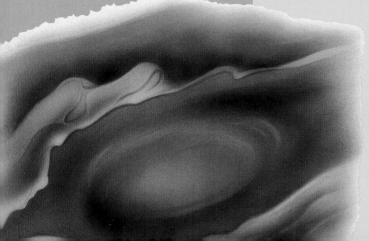

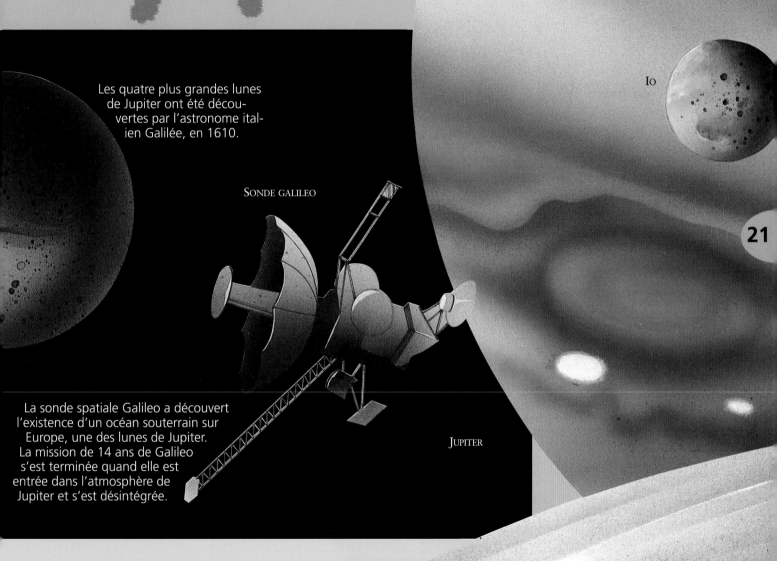

# Les lunes de Jupiter

On a dénombré 63 lunes à Jupiter, les quatre plus grandes étant Ganymède, Callisto, Io et Europe. Ganymède est plus grande que la planète Mercure et Europe est particulièrement étonnante, à cause de l'incroyable uniformité de sa surface. Callisto, par contre, est criblée de cratères.

Les quatre plus grandes lunes de Jupiter ont été découvertes par l'astronome italien Galilée, en 1610.

SONDE GALILEO

La sonde spatiale Galileo a découvert l'existence d'un océan souterrain sur Europe, une des lunes de Jupiter. La mission de 14 ans de Galileo s'est terminée quand elle est entrée dans l'atmosphère de Jupiter et s'est désintégrée.

Io

JUPITER

# Volcans sur Io

Io est la troisième plus grande lune de Jupiter. Avec ses neuf volcans actifs, elle représente le corps céleste le plus actif sur le plan volcanique. Elle possède également des « marées » rocheuses de 100 mètres provoquées par l'imposante gravité de Jupiter.

Io est couverte de soufre, qui est projeté par les volcans à 320 km de hauteur dans l'espace.

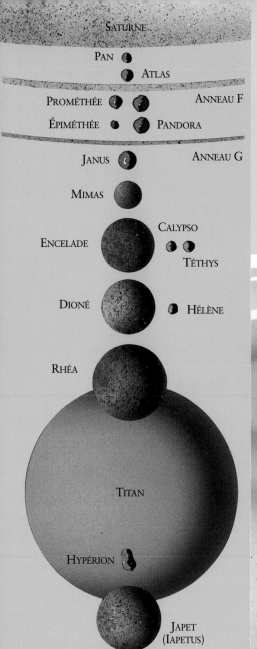

SATURNE

PAN

ATLAS

PROMÉTHÉE          ANNEAU F

ÉPIMÉTHÉE     PANDORA

JANUS          ANNEAU G

MIMAS

CALYPSO

ENCELADE

TÉTHYS

DIONÉ          HÉLÈNE

RHÉA

TITAN

HYPÉRION

JAPET
(IAPETUS)

PHOEBÉ

## Les lunes de Saturne

De toutes les planètes, c'est Saturne qui possède le plus de lunes : elle en totalise au moins 60, de toutes les formes et de toutes les tailles. Certaines sont rocheuses, d'autres, glacées et certaines sont âgées de plusieurs milliards d'années. La plus grande, Titan, est plus grande que la planète Mercure et c'est la seule lune du système solaire à posséder une atmosphère aussi épaisse que celle de la Terre.

## Explorations de Saturne

En survolant Saturne, les sondes Voyager 1 (1980) et Voyager 2 (1981) ont découvert plus de 1 000 petits anneaux et 7 satellites. La sonde Cassini, en orbite autour de Saturne de 2004 à 2008, a photographié en profondeur, ses lunes, ses anneaux et a rassemblé des données sur leur composition.

VOYAGER 2

# Saturne

Saturne est la planète la plus facile à reconnaître à cause de ses spectaculaires anneaux. Il y a sept anneaux principaux, composés de centaines de milliers de petits anneaux. Le plus grand espace entre deux anneaux s'appelle la division de Cassini. Saturne est presque aussi grande que Jupiter. La Terre peut y être contenue 750 fois. C'est la planète la plus venteuse : dans son atmosphère, certains gaz atteignent une vitesse de 1 300 km/h.

## Géante extralégère

Bien qu'étant dix fois plus grosse que la Terre et la deuxième plus grande planète du système solaire, Saturne est incroyablement légère. Constituée principalement d'hydrogène liquide, elle est si légère qu'elle pourrait flotter sur l'eau.

La plus grande partie de Saturne est constituée d'une masse de gaz tourbillonnants. Cela produit un effet de bandes colorées.

# Les anneaux de Saturne

On peut voir les anneaux de Saturne dans un télescope, à partir de la Terre. Ils sont composés principalement de petites roches et de millions de cristaux glacés. Certains atteignent la taille d'une maison. Voyager 2 a permis de constater que les anneaux étaient constitués des mêmes matières que les lunes de Saturne.

Pendant sa mission de quatre ans vers Saturne, la sonde Cassini effectuera 74 tours en orbite autour de la planète et volera 44 fois près de Titan. Elle fera également de nombreux survols des autres satellites de Saturne.

Les systèmes d'anneaux de Saturne s'étendent sur plus de 480 000 km dans l'espace, mais les anneaux ont une épaisseur de 30 mètres.

SATURNE

MOTEURS

SONDE CASSINI

23

MAGNÉTOMÈTRE

RADAR

ANTENNE

# Satellites « bergers »

Environ huit des lunes de Saturne sont en orbite aux abords des anneaux. Leur force de gravité permet aux anneaux de rester en place. Les scientifiques appellent ces lunes les satellites « bergers ».

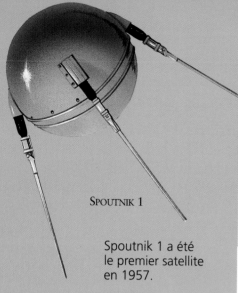

SPOUTNIK 1

Spoutnik 1 a été le premier satellite en 1957.

## Hubble

Le télescope spatial Hubble (1990) a révolutionné l'exploration spatiale. Hubble est en orbite autour de la Terre à environ 600 km d'altitude. Il effectue un tour complet de la Terre toutes les 97 minutes. De l'espace, on peut voir des images claires de galaxies et de nébuleuses lointaines, à l'abri des distorsions causées par l'atmosphère terrestre.

Hubble mesure environ 12 mètres de long.

# Satellites
## et sondes spatiales

Un satellite artificiel est un vaisseau spatial qui est en orbite autour d'une planète. Il y a autour de la Terre des satellites de télécommunication, de prévision météorologique, de navigation, de surveillance militaire et de recherche scientifique. Environ 2 500 satellites sont en orbite autour de la Terre. Une sonde spatiale est un vaisseau spatial robotisé envoyé pour explorer des planètes éloignées. Ce genre de voyages prend des années et certaines sondes spatiales voyagent bien au-delà des limites du système solaire.

Une sonde spatiale transportant une caméra, un détecteur d'étoiles et un magnétomètre qui permet de mesurer le magnétisme.

## Spoutnik 1

Le lancement par les Russes de Spoutnik 1 en octobre 1957 a marqué le début de l'ère moderne de l'exploration spatiale. Un mois plus tard, Spoutnik 2 partait dans l'espace avec à son bord une petite chienne qui s'appelait Laïka.

24

## Pioneer 11

Les sondes spatiales renvoient des données vers la Terre sur des millions de kilomètres. Cette image de Saturne a été envoyée par la sonde Pioneer 11. En 1983, Pioneer 11 a quitté le système solaire, 11 ans après avoir quitté la Terre.

Image de Saturne et de sa lune Titan, en haut à gauche, envoyée par la sonde américaine Pioneer 11 (NASA).

## Sondes spatiales

Les sondes spatiales sont des robots solaires qui renvoient à la Terre des données et des images par radio. Certaines sondes sont des satellites, car elles gravitent autour d'une planète. D'autres, envoyées pour explorer l'espace lointain, ne sont pas en orbite autour d'une planète et ne sont donc pas des satellites. Voyager 2 a rendu visite à Jupiter en 1979, à Saturne en 1981, à Uranus en 1986 et à Neptune en 1989.

# Atterrissage sur Titan

En 2005, Cassini a lancé la sonde Huygens sur Titan, la lune de Saturne. La vitesse de l'atterrissage est passée de 21 000 km/heure à 1 440 km/heure en moins de deux minutes. La descente finale de Huygens a été effectuée en parachute.

25

SONDE HUYGENS

Plusieurs lunes d'Uranus sont constituées principalement de glace et non de roche.

À la lumière du Soleil, le méthane contenu dans l'atmosphère d'Uranus absorbe la lumière rouge, mais il disperse la lumière bleue dans l'espace. Pour cette raison, Uranus semble de couleur bleu-vert.

Voyager 2 est l'unique vaisseau spatial à avoir rendu visite à Uranus. Il est passé à proximité de la planète le 24 janvier 1986.

La plupart des satellites d'Uranus ont été baptisés d'après les noms de personnages de pièces de Shakespeare : Obéron, Cordelia, Ophelia et Desdemona.

## Surface et noyau

Uranus est une planète glacée. Elle est constituée de plusieurs couches de nuages, qui sont composés essentiellement d'hydrogène mélangé à un peu d'hélium et de méthane. Sous les nuages se trouvent une couche liquide d'hydrogène et d'hélium, puis une couche semi-solide qui pourrait comprendre de l'ammoniaque. Le noyau est composé de roche fondue.

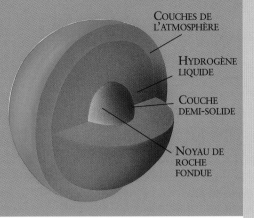

COUCHES DE L'ATMOSPHÈRE

HYDROGÈNE LIQUIDE

COUCHE DEMI-SOLIDE

NOYAU DE ROCHE FONDUE

Vue en coupe d'Uranus qui montre son atmosphère, ses couches et son noyau.

# Uranus

Uranus est environ quatre fois plus grande que la Terre et elle apparaît avec une teinte bleu-vert. Elle possède 27 satellites et 11 anneaux. Une caractéristique importante est qu'elle tourne de façon étrange. L'intérieur a besoin d'à peine plus de 17 heures pour effectuer une rotation, mais la majeure partie de son atmosphère prend beaucoup moins de temps pour cette même rotation. Uranus a été découverte en 1781 par l'astronome William Herschel. D'étranges «voiles» dans son orbite laissent supposer qu'elle a subi la force de gravité d'une autre planète. En 1846, des astronomes ont découvert qu'il s'agissait de Neptune.

## Renversée

L'inclinaison de l'axe d'Uranus a peut-être été causée par une collision avec un astéroïde géant il y a plusieurs millions d'années.

Les anneaux d'Uranus n'ont été découverts qu'en 1977.

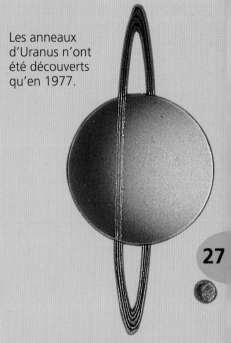

## Miranda

Miranda est une des lunes d'Uranus. C'est une masse de glace mélangée. Sa géographie chaotique laisse penser que la lune aurait été en partie brisée, puis qu'elle aurait été reconstituée sous l'effet de la gravité.

MIRANDA

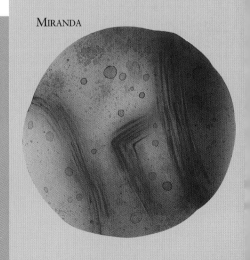

## Inclinaison de l'axe

Quand Uranus tourne autour du Soleil, elle est beaucoup plus inclinée sur son axe que toutes les autres planètes du système solaire. Cela signifie que, à un moment donné, son pôle nord pointe vers le Soleil et, à un autre, il pointe dans la direction opposée, ce qui donne à chaque pôle une période de 42 ans de lumière ou d'obscurité continue.

ORBITE D'URANUS

SOLEIL

## Structure

Comme Uranus, Neptune possède une atmosphère composée d'hydrogène et de méthane. Au niveau du manteau, ces gaz sont compressés dans une masse bourbeuse autour d'un noyau central, probablement constitué de roche et de glace.

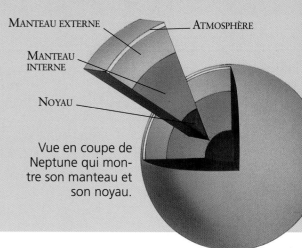

MANTEAU EXTERNE      ATMOSPHÈRE

MANTEAU
INTERNE

NOYAU

Vue en coupe de Neptune qui montre son manteau et son noyau.

Les grands vents qui soufflent sur les nuages de Neptune peuvent atteindre jusqu'à 2 100 km/heure.

## Les nuages de Neptune

Les nuages élevés de Neptune sont constitués de méthane. Ils se déplacent à 1 125 km/heure, poussés par les vents planétaires les plus rapides du système solaire. Des nuages plus sombres et plus bas dans l'atmosphère peuvent être constitués de sulfure d'hydrogène.

# Neptune

Neptune est une planète bleue tourmentée éloignée, une boule de gaz et de liquide quatre fois plus grande que la Terre. Comme Uranus, on ne peut l'observer sans télescope, étant donné qu'elle est très lointaine. Elle se trouve environ 30 fois plus loin du Soleil que la Terre ne l'est et il lui faut 165 années terrestres pour faire un seul tour du Soleil. Neptune possède 13 lunes connues, la plus grande étant Triton. Triton est le seul satellite majeur du système solaire qui tourne « à l'envers » : il gravite dans le sens opposé à celui de la rotation de sa planète.

## La grande tache sombre de Neptune

Voyager 2 a découvert sur Neptune une tempête gazeuse ressemblant à un ouragan, comme ce qui existe sur Jupiter. Les scientifiques l'ont baptisée la grande tache sombre. Cependant, en 1994, la tempête s'est arrêtée et la tache a disparu.

La grande tache sombre de Neptune

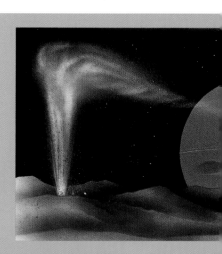

# Anneaux

L'anneau externe de Neptune est particulier, car certaines de ses sections sont plus brillantes que le reste de l'anneau.

Les anneaux de Neptune sont moins brillants que ceux de Saturne.

# Triton

Triton, le plus grand satellite de Neptune, a un diamètre de 2 700 km. Sa surface est recouverte de glace, tandis que les calottes polaires le sont de neige rose d'azote gelée.

VOYAGER 2

# Les éruptions de Triton

À gauche, un geyser gazeux sur Triton, avec Neptune en arrière plan.

Triton possède des volcans et des geysers qui envoient des cristaux de glace d'azote et de la vapeur dans l'atmosphère. Sa température de surface de -195 °C fait d'elle le corps le plus froid connu dans notre système solaire.

La plus grande partie de la surface de Triton est glacée.

# Voyager 2

Voyager 2 a envoyé les premiers gros plans de Neptune en 1989. On pouvait y voir les anneaux de Neptune et six satellites jusque-là inconnus.

# Comètes et astéroïdes   Pluton et Charon

De nombreuses comètes sont en orbite autour du Soleil dans la ceinture de Kuiper, au-delà de Pluton, ou plus loin encore, dans le nuage d'Oort. Quelques comètes seulement passent près du Soleil à intervalles réguliers et relativement courts, comme la comète de Halley, qui revient tous les 75 ou 76 ans.

La « planète » Pluton a été découverte en 1930, mais, en 2006, elle a été rétrogradée au statut de planète naine. Une de ses lunes, Charon, a été découverte en 1978. Deux autres satellites ont été découverts en 2005.

Pluton et sa lune Charon

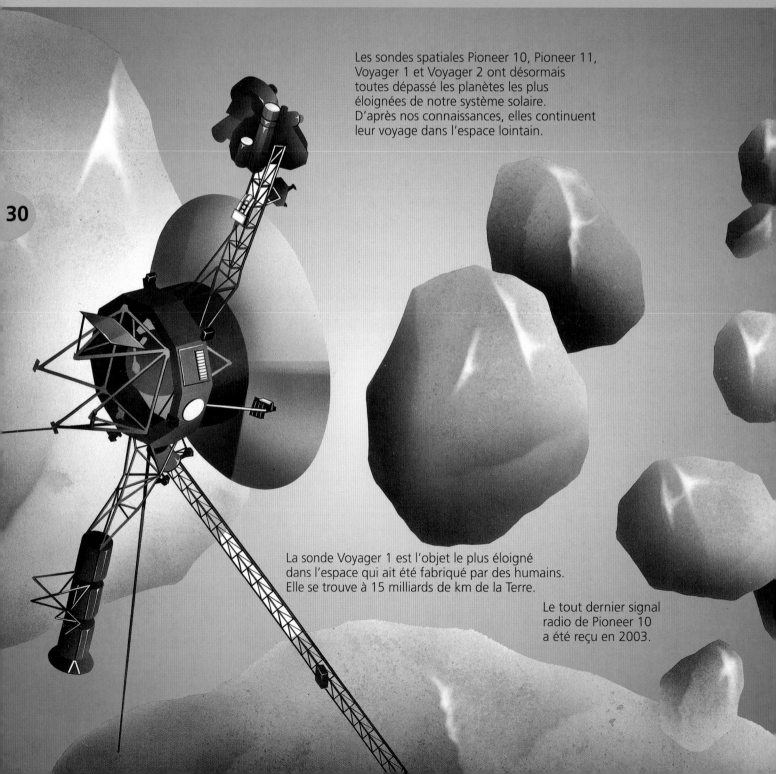

Les sondes spatiales Pioneer 10, Pioneer 11, Voyager 1 et Voyager 2 ont désormais toutes dépassé les planètes les plus éloignées de notre système solaire. D'après nos connaissances, elles continuent leur voyage dans l'espace lointain.

La sonde Voyager 1 est l'objet le plus éloigné dans l'espace qui ait été fabriqué par des humains. Elle se trouve à 15 milliards de km de la Terre.

Le tout dernier signal radio de Pioneer 10 a été reçu en 2003.

## Nouvelles découvertes

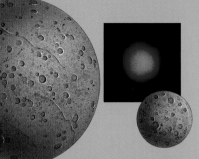

On découvre toujours de nouvelles planètes naines en orbite autour du Soleil, aux extrémités du système solaire. Parmi ces planètes naines, on peut citer Sedna, Quaoar et Zena. Zena n'a qu'un diamètre de 2 400 km. Elles sont en orbite dans la ceinture de Kuiper.

On pense que Charon possède une structure quasi identique à celle de sa planète jumelle, Pluton.

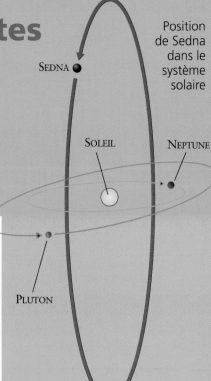

Position de Sedna dans le système solaire

SEDNA
SOLEIL
NEPTUNE
PLUTON

# Les limites du système solaire

À la limite du système solaire, le Soleil ressemble juste à une étoile particulièrement brillante. Peu de chaleur atteint cet endroit éloigné. Au-delà de l'orbite de Neptune se trouve la ceinture de Kuiper, qui contient beaucoup de petits corps glacés et de planètes naines telles que Pluton et Sedna. À l'extrême limite du système solaire se trouve l'immense nuage Oort qui contient des milliards de comètes gelées. En 2006, la NASA a lancé une nouvelle sonde, New Horizons, destinée à survoler Pluton et son satellite Charon, puis à continuer dans la ceinture de Kuiper, à la recherche de planètes situées au-delà de Pluton.

## Structure de Pluton

Pluton est une masse rocheuse et froide. Les scientifiques estiment qu'elle est composée de 70 pour cent de roche et de 30 pour cent de glace hydrique, entourée d'azote gelé, de méthane solide et de monoxyde de carbone. La mince atmosphère semble contenir de l'azote, du monoxyde de carbone et du méthane.

## La sonde New Horizons

La sonde spatiale New Horizons a quitté Cap Canaveral, en Floride, en 2006 et elle devrait atteindre Pluton en 2015. En février 2007, elle a survolé Jupiter. Cette sonde est très petite : elle ne mesure que 2,4 mètres de largeur. Elle comporte un bloc d'alimentation nucléaire lui permettant de fabriquer de l'électricité et sept instruments scientifiques pour étudier Pluton et ses lunes.

ATMOSPHÈRE
MANTEAU
NOYAU

Vue en coupe de Pluton qui montre sa structure. Les températures oscillent autour de -238 °C.

# Index